ALEXANDRA BAUER
MIDGARD SAGEN

MIDGARD SAGEN
~ DER MÄCHTIGE THOR ~

ALEXANDRA BAUER

Copyright © 2017 Alexandra Bauer
3. Auflage
D-65817 Niederjosbach

mail@alexandra-bauer.de
www.alexandra-bauer.de

Illustration Julia Senf
Printed in Europe

ISBN: 978-3-96111-853-3
Bestellung und Vertrieb:
Nova MD GmbH, Vachendorf

inHALT

VORWORT

In einer Zeit lange vor unserer Zeit hatten die Götter die Welt unter sich aufgeteilt. Es gab sehr viele von ihnen an ganz unterschiedlichen Orten. Da waren zum Beispiel Zeus und Hera im alten Griechenland. Die Römer folgten Jupiter und Apollo. In Indien betete man Shiva oder Parvati an. Die Ägypter ehrten Aton oder auch Isis. Weniger bekannt sind Götter wie Kukulcan oder Itzamná, der Sonnengott der Mayas. Dagda und Brânwen waren den Kelten bekannt, der Gott mit dem unaussprechlichen Namen Huizilopochtli den Azteken.

Die Welt der Maori wurde von Tangi und Papa geschaffen, Izanagi und Izanami formten die Welt der Kulturen Ozeaniens. Manche Menschen beteten nur zu einem Gott, andere besaßen sehr viele Götter. Es gab Himmelsgötter, Kriegsgötter, Sonnengötter, Fruchtbarkeitsgötter, Mondgötter, Schöpfergötter, Götter der Jagd, der Heilung, der Künste, Liebesgötter und Götter, die Dörfer und Haushalte beschützten. Der Himmel über der Erde war voll von ihnen.

Im Norden Europas herrschte der Allvater Odin über das Land, das die Menschen Midgard - Mittelhof - nannten. Er war ein alter Gott, der das Wissen liebte und auch den Krieg. Oft wandelte er verkleidet unter den Menschen, oder er saß einfach auf dem Hochsitz in seiner Götterburg und ließ sich die Geschehnisse der Welt von seinen Raben Hugin und Munin ins Ohr flüstern. Er lebte mit vielen anderen Göttern in Asgard, wie seiner Frau Frigg, seinem Blutsbruder Loki, dem Gott des Rechts Tyr, der Göttin des Winters Skadi, der Liebesgöttin Freya und seinem Sohn – dem mächtigen Thor. Manche Menschen glauben, dass die Asen noch heute über die Welt wachen. Von ihnen erzählen die "Midgard Sagen".

DAS HYMIRLIED
-
THOR UND DER BRAUKESSEL

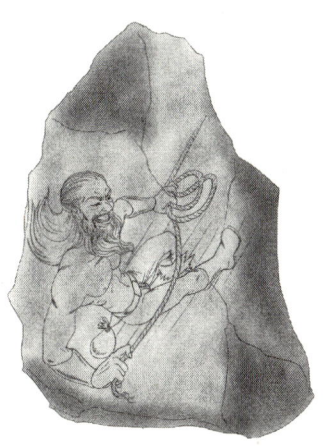

Das Lied von Hymir, altnordisch Hymiskviða, ist ein Götterlied aus der Lieder-Edda. Es besteht aus 39 Strophen. Vermutlich wurde es im 12. oder 13. Jahrhundert verfasst.

Das Hymirlied
-
Thor und der Braukessel

Mit angstgeweiteten Augen flohen Rehe und Wildschweine durch das Dickicht des Waldes. Fremde waren in ihre Wohnstätte eingedrungen und trachteten nach ihrem Leben. Ihre Verfolger waren so zahlreich, dass die Tiere sie gar nicht zählen konnten. Ein breitschultriger Mann mit einer roten Mähne und einem wilden Bart rannte zu Fuß hinter ihnen her. In seiner Hand hielt er einen

Hammer, den er weit von sich schleuderte. Nach jedem Wurf kehrte die Waffe zu ihm zurück, egal ob er sein Ziel traf oder nicht. Einige Eber lagen bereits erschlagen auf dem Waldboden.

Dem Rothaarigen folgte ein Mann, der nur mit einem Geweih bewaffnet war. Trotz seiner ungewöhnlichen Waffe gelang es auch ihm, Beute zu machen. Nachdem er ein Wildschwein erlegt hatte, schulterte er es auf dem Rücken und trug es davon, während die nachrückenden Jäger an ihm vorbeieilten. Einer von ihnen saß auf einem dunklen Pferd. Es hatte acht Beine. Ungeachtet seiner Schnelligkeit lief es so geschickt an den Bäumen vorbei, dass es seinen Reiter stets schützte. Der Mann besaß ebenfalls eine Zauberwaffe, einen Speer, der nach jedem Wurf in seine Hand zurückkehrte – so wie der Hammer des Rothaarigen.

Erst als der Abend dämmerte, endete die Hatz und die Jäger rückten außerhalb des Waldes an einem Feuer zusammen. Der Mann auf dem achtbeinigen Pferd sprang aus dem Sattel. Eines seiner Augen war von einer schwarzen Klappe bedeckt. Er war Odin, der oberste aller Götter, die in Asgard lebten. Kaum hatte er an der Feuerstelle Platz genommen, da flogen zwei Raben auf seine Schulter. Der linke hielt den Schnabel an das Ohr seines Herrn und flüsterte ihm Worte zu, die nur der Allvater verstand. Der andere Rabe pickte vergnügt am langen grauen Bart des Mannes.

„Selbst hier suchen sie dich auf", sagte der Rotbärtige, der Thor hieß. Er war der Donnergott der Asen und beliebt bei allen Menschen.

„Sie haben viel zu erzählen. Es geschehen jeden Tag interessante Dinge in den Welten", erwiderte Odin.

An das Feuer gesellten sich noch Frigg, die Odins Frau war, Tyr, der nur eine Hand besaß und sein Schwert deshalb mit der Linken führte, und Freya, die Liebesgöttin. Gleich neben ihr hockte ihr Bruder Freyr. Einst hatte er seine Waffe verschenkt. Seither kämpfte er mit einem Geweih.

Loki, Odins Blutsbruder grinste keck und streckte die Beine aus.

Thors Frau Sif und ihre Tochter Thrud nahmen Platz. Außerdem reihten sich Njörd, Skadi, Ullr und Gefjon mit ein. Nanna und Balder und deren Sohn Forseti traten ebenso heran. Selbst Hödur, der blinde Gott, war mit auf die Jagd gekommen.

Während das Fleisch briet, sagte Thor: „Wir müssen mal wieder einen draufmachen und so richtig auf die Pauke hauen."

„Du meinst, wir sollten eine Feier ausrichten?", fragte Odin.

„Ja! Eine Feier, an der alle teilnehmen, die in Asgards Götterburgen leben", bestätigte Thor.

„Das ist eine schöne Idee", nickte Freyr. „Wir haben seit einer Ewigkeit nicht mehr gefeiert. Aber wo soll das Fest stattfinden?"

„Nicht bei uns!", sagte Sif rasch. „Ich habe Thrudwang erst in Ordnung gebracht."

Auch Freya hob abwehrend die Hände. „Mir ist nicht nach Gesellschaft."

Thor lehnte sich zurück. „Was ist mit dir, Njörd? Wir waren lange nicht mehr in deinen Hallen geladen."

„Warum bei mir? Du hast den größten Saal von uns allen", rief der Meeresgott. „Bei mir würden uns die Möwen keine Ruhe lassen und uns nur das Brot von den Tellern picken. Weshalb feiern wir nicht bei Tyr?"

„Lasst uns Stäbe werfen und die Runen befragen", schlug Balder kurzerhand vor. „Wen das Los trifft, soll das Festmahl ausrichten."

„Eine gute Idee", stimmte Thor begeistert zu. „Ich kann es gar nicht erwarten meine Füße unter eine reich gedeckte Tafel zu strecken."

Auch Tyr erklärte sich einverstanden: „Das ist ein gerechter Plan."

Sif und Freya schauten sich leidend an. Beide hofften, dass das Los nicht auf sie fiele.

Die Asen scharrten sich um Odin. Der malte Runen auf ein paar Stäbe und warf sie in die Mitte der Gruppe. Gespannt sahen alle auf die Zeichen.

„Die Runen deuten auf Ägir", staunte Gefjon.

Freyr runzelte die Stirn. „Du meinst den Meerriesen Ägir? Er soll uns bewirten?"

Loki schlug ein Bein über das andere. Aus seinen Augen lachte der Schalk. „Warum denn nicht? Als Riese hat Ägir sicher viele Kessel, um uns allen Bier zu brauen. Auch wird in seiner Halle reichlich Platz zu finden sein, um jeden von uns aufzunehmen. Wieso sollten die Runen lügen?"

Thor sprang auf. „Ich werde sofort zu ihm fahren und ihm vom Entscheid der Zeichen berichten."

„Und was tun wir, wenn Ägir uns gar nicht bewirten will?", wandte Balders Sohn Forseti ein.

Thor wog seinen Hammer in der Hand. „Er wird nicht ablehnen."

Während die Asen am Feuer sitzen blieben, spannte Thor seine beiden Böcke Tanngnjostr und Tanngrisnir vor den Wagen. Mit lautem Gepolter verschwand er zwischen den Wolken. Er brauchte nicht lange, um die Halle des Meerriesen zu erreichen, denn seine Zugtiere waren schnell und die Asen lagerten nicht weit entfernt. Thor fand den Jöten gut gelaunt am Strand sitzend vor. Als er den Wagen neben den Riesen lenkte, lächelte Ägir.

„Sohn Odins, was für eine Überraschung. Was führt dich zu mir?"

„Die Runen sagen, dass du uns, den Asen, ein Festmahl ausrichten sollst", erklärte Thor.

Die Fröhlichkeit verschwand aus dem Gesicht des Riesen und es versteinerte. „Tun sie das?", entgegnete er. „Findest du es nicht unhöflich, dass ich alle Asen bewirten soll, obwohl du nicht einmal grüßt, ehe du mich ansprichst? Fahr nach Hause! Ich denke, ihr habt Platz genug in Asgard, um eure Feste selbst auszurichten."

Thor wurde so wütend, dass ihm eine Ader am Hals anschwoll. Da hob Ägir rasch die Hände, denn er fürchtete sich vor den Launen des Donnergottes. Zu viel war ihm

über Odins Sohn, den Riesentöter, zu Ohren gekommen.

„Bleib ruhig!", säuselte er. „Ich würde euch gerne bewirten. Es ist nur so, dass ich keinen Kessel habe, der groß genug ist, um euch Bier zu brauen. Du kannst das halbe Meer mit einem

Zug leeren. Wie soll ich so viel Trinken aufbringen? Bring mir einen Kessel, in den Hopfentee für euch alle passt, und ich richte euch ein Gastmahl aus."

„Versprichst du es?", fragte Thor streng.

„Natürlich!", beteuerte der Riese.

„Dann werde ich dir den geforderten Kessel besorgen."

Thor reiste zurück zu den Asen, die noch immer am Feuer hockten und ihre Jagdbeute teilten. Stolz erzählte ihnen der Donnergott von der Vereinbarung, die er mit dem Meerriesen getroffen hatte. Kaum schwieg er, lachte Loki schallend.

„Du hast dich an der Nase herumführen lassen. Einen so großen Kessel wirst du nirgendwo finden!"

Wütend blies Thor die Backen auf. „Und ob ich das werde. Wenn ich zurück bin, wirst du dich dafür entschuldigen, dass du mich ausgelacht hast!"

Ohne eine Antwort abzuwarten, fuhr Thor hinaus in die Welt, um den Kessel zu suchen. Er fuhr ins eisige Niflheim, er besuchte die Zwerge in Dunkelalbenheim, er reiste zu den Lichtalben und schließlich nach Osten zu den Jöten. Er befragte die Menschen in Midgard und am Ende sogar die Wanen - das andere Göttergeschlecht. Doch niemand besaß ein so großes Gefäß. Enttäuscht kehrte Thor nach Asgard zurück. Als er in Gladsheim ankam, um Odin von seiner Niederlage zu berichten, fand er ihn, gemeinsam mit Loki, bei einem Kartenspiel vor. Schallend lachte Loki den Donnergott aus.

Odin schüttelte traurig den Kopf. „Also hatte Loki Recht, du hast dich von Ägir an der Nase herumführen lassen. Nun wird es kein Fest geben."

„So ist es", antwortete Thor. Betrübt verließ er die Halle.

Auf dem Weg nachhause rannte ihm Tyr hinterher. „Thor, warte!", rief er.

„Was ist? Ich habe schlechte Laune", erwiderte der Donnergott.

„Ich sehe es. Hör zu, ich weiß, wo du einen Kessel finden kannst, der groß genug ist. Ägir wird sich an sein Versprechen halten müssen."

Thor blieb stehen. „Ich war überall. Niemand hat einen."

„Weil du ein wahrer Freund bist, sage ich dir, wo du ihn suchen musst. Mein Vater, der weise Hymir, besitzt einen raumgreifenden Kessel, eine Raste tief."

Thor hob die Augenbrauen. „Dein Vater? Er ist ein Jöte, er wird uns den Kessel nicht freiwillig geben."

„Niemals. Wir werden ihn überlisten müssen."

Thor hieb Tyr auf die Schulter. „Lass uns aufbrechen! Ich kann es kaum erwarten Lokis Gesicht zu sehen. Auf seine Entschuldigung bin ich gespannt." Schon war der Donnergott an ihm vorbei, um seinen Wagen mit den Böcken zu holen. Noch am gleichen Tag brachen sie auf. Sie fuhren rasch voran, nach Osten, bis sie fast am Ende der Welt anlangten. Dort lenkte Thor den Wagen hinab zu einem Hof.

„Was machst du?", fragte Tyr. „Zu meinem Vater ist es nicht mehr weit."

„Ich will nicht riskieren, dass der Zorn des Tursen meine Begleiter trifft, wenn wir ihm den Kessel stehlen. Außerdem könnten wir früher entdeckt werden, als uns lieb ist. Ich stelle Tanngrisnir und Tanngnjostr hier unter."

„Auf dem Hof eines Riesen willst du sie beherbergen, um sie vor einem anderen Riesen zu schützen?", staunte Tyr.

„Nicht alle Tursen sind von Übel", erwiderte der Donnergott. Geschickt landete er den Wagen vor dem Tor des Haupthauses.

Der Riese, der es bewohnte, trat fragend vor die Tür.

„Sei gegrüßt. Ich komme mit einer Bitte zu dir", eröffnete Thor das Gespräch.

„Ich weiß, wer du bist, Donnerer. Mir ist nicht wohl dabei, dich in der Nähe meiner Kinder zu wissen."

„Ich habe keinen Streit mit dir", antwortete Thor. „Ich will dich nur ersuchen, meine Böcke zu pflegen, bis ich sie wieder abhole. Es soll dein Schaden nicht sein. Ich wäre dir und deiner Familie sehr dankbar."

„Es scheint mir eine gute Idee zu sein, dass der Donnergott in meiner Schuld steht. Viele Riesen werden mich darum beneiden. Gerne kümmere ich mich um deine Tiere. Ich bin Egill. Komm zurück, wann immer du willst."

Thor nickte von Dank erfüllt. Dann schlug er Tyr auf die Schulter und lief weiter.

Tage später entdeckten sie Hymirs Halle. Sie war so gewaltig, dass selbst Thor der Mund offen stand.

„Dein Vater muss ein rechter Gigant sein", brummte er.

„Er ist nicht höher als fünf Meter", erwiderte Tyr.

Sie überquerten eine saftige Wiese und passierten ein Tor im Zaun. Ungehindert gingen sie bis zur Halle. Tyr klopfte an und schob den Eingang auf. Kaum hatten sie das Innere des Gebäudes betreten, wendete Tyr den Blick ab.

„Meine Großmutter.", flüsterte er Thor zu. „Sie hat 900 Köpfe."

Der Donnergott taxierte die Alte mit seinem Blick, während er Tyr hinterherlief. Etwas Grauenhafteres als dieses Geschöpf, hatte er nie gesehen.

Doch schon kam eine Riesin mit goldenen Kleidern in den Raum. Sie war beinahe hübsch. Weiße Augenbrauen setzen sich von ihrer goldenen Haut ab.

Sie lächelte, als sie ihren Sohn erblickte. „Verwandte der Riesen, seid mir willkommen. Ich will euch unter die Kessel setzen und euch bewirten. Mein Gemahl ist manchmal geizig zu Gästen, vor allem, wenn er übel gelaunt ist."

Sie führte Thor und Tyr an das Ende der Halle, hinter eine mächtige Säule. Als Thor den Blick zur Decke hob, verstand er, wovon die Riesin sprach. Über dem Querbalken des Daches hingen Kessel in den verschiedensten Größen. Doch der Donnergott konnte keinen entdecken, der annähernd groß genug war, um allen Asen Bier zu brauen.

Am späten Abend kam Hymir nachhause. Wie seine Frau vermutet hatte, war er griesgrämig. Er polterte zur Tür herein und bedachte die beiden Gäste mit einem üblen Blick. Er kam von weit her, sein Bart war gefroren.

Seine Gemahlin drückte ihm einen Kuss auf die Wange.

„Unter dem Giebel des Saals sitzen sie", raunzte Hymir. „Sie glauben, dass die Säule zwischen uns sie schützt."

Mit einem einzigen Blick riss der Riese die Säule entzwei. Der Balken über ihr brach und acht Kessel fielen auf Thor und Tyr hinab. Aber sie zerbrachen einer nach dem anderen. Nur einer blieb heil. Thor ließ Mjölnir in seine Hand fahren und knurrte so wild, dass es dem Riesen mulmig wurde. Er trat einen Schritt zurück. „Wenn ihr schon da seid, speist mit mir."

Er ließ drei Rinder schlachten, von denen Thor alleine zwei aß.

Hymir sah dem ganzen staunend zu. „Morgen müssen wir wohl jagen gehen, wenn ihr an meinem Tisch sitzen wollt", sagte er.

Thor lehnte sich zufrieden in den Stuhl zurück. „Jagen? Du wohnst am Meer. Wenn du ein paar Köder hast, werde ich mit dir zum Fischen hinausfahren."

„Fischen?" Der Riese lachte abfällig. „So dann, Riesentöter, geh hin zur Herde, wenn du das Herz hast, und suche dir einen Köder. Das fällt dir sicher nicht schwer."

Thor schmunzelte. „Gewiss nicht." Er stand auf und ging hinaus. In Richtung des Waldes fand er die Herde. Jetzt verstand er, warum Hymir so verächtlich gelacht hatte, denn jede Kuh war so groß wie ein Wal.

Er fand einen allschwarzen Stier, den er kurzerhand schlachtete. Als der Riese sah, dass es Thor gelungen war einen Köder zu finden, runzelte er die Stirn. „Im Schaffen scheinst du noch schlimmer, als in bequemer Ruh", knurrte er.

Er stieg ins Boot und Thor folgte ihm mit dem Stierkopf nach. Hymir ruderte nicht lang und Thor drängelte ihn, weiter hinaus zu fahren.

„Kein Stück rudere ich mehr", brummte der Riese. Im nächsten Moment zog Hymir einen Walfisch aus dem Meer. Noch während Thor staunend die Füße an den Körper zog,

hatte Hymir den zweiten Wal an Bord gehoben. Herausfordernd sah er den Donnergott an. Rasch bastelte sich Thor eine Angelschnur. Er band den Stierkopf daran und warf den Köder aus. Kaum war dieser im Meer versunken, da spürte der Donnergott einen Widerstand. Er zog heftig und entdeckte die Midgardschlange, die den Köder geschluckt hatte. Mit aller Kraft hielt Thor das Seil fest. Jörmungands Blick verriet, dass sie wusste, wem sie auf den Leim gegangen war. Hektisch drehte sie sich im Wasser und zerrte an der Angelschnur. Aber so sehr sie sich mühte, Thor hielt sie fest gepackt. Während sie zurückschnellte, brach Thor mit dem Fuß durch das Boot. Er stemmte sich gegen den Meeresboden und behielt seinen Feind im Griff. So gelang es ihm, die Schlange bis zum Schiffsrand zu ziehen. Sie riss das Maul auf und spie ihr Gift, aber der Donnergott ließ das Seil nicht los.

Hymir wurde leichenblass. „Siehst du nicht, wen du da am Haken hast? Es ist Jörmungand, die Midgardschlange! Lass das Seil los, bevor sie uns verschlingt!"

Thor verstärkte seinen Griff und zog den Wurm mit eisernem Willen heran. „Niemals werde ich sie gehen lassen. Pack du die Ruder!"

Jörmungand riss an der anderen Seite des Taus. Sie bäumte sich auf, schüttelte ihren Kopf und versuchte den Köder loszuwerden. Thor kniff die Augen zusammen. Mit allerletzter Kraft zog er am Tau, da stolperte er plötzlich zurück. Fassungslos sah er auf seine Hände. Er umfasste nur noch ein kleines Stück Tau. Verärgert warf er es ins Wasser und ließ Mjölnir in seine Hand fahren. Bevor ihm der Wurm entwischen konnte, hob Thor den Hammer und ließ ihn auf den Schädel des Ungeheuers niederfahren.

Wölfe heulten, der Felsgrund dröhnte und die Erde erbebte. Dann floh Fenrirs Schwester und verschwand zurück in die Untiefen des Meeres.

Hymirs Laune war auf den Nullpunkt gesunken. Als sie zurück an Land kamen, stieg er aus und deutete auf das Boot. „Wir werden uns die Arbeit teilen. Entweder trägst du die Wale heim, oder ziehst das Schiff an Land."

Thor lachte nur. Er nahm das Schiff mitsamt der beiden Wale und dem Schöpfgefäß, hob es auf eine Schulter und trug es durch die Schlucht der Waldberge hin zu Hymirs Hof. Hymir wurde immer trotziger. Während seine Frau die Beute für das Essen zubereitete, begann er mit Thor über die Körperkraft zu streiten.

„Du glaubst, du bist stark, weil du einen allschwarzen Stier erschlagen hast und zwei Wale auf dem Arm trugst. Aber niemand ist stark, solange er nicht den Kelch zerbricht."

Er brachte ein Gefäß und stellte es vor Thor auf den Tisch.

Trotzig reckte der Donnergott das Kinn. Er griff den Kelch und warf ihn gegen eine der Säulen. Doch er brach nicht, dafür barst der Pfeiler entzwei. Thor hob den Kelch auf und warf ihn mit aller Kraft auf den Boden, er presste ihn zwischen seinen starken Armen, der Kelch blieb ganz. Hymir lachte den Donnergott mit lauter Stimme aus.

„Wirf ihn gegen den Schädel meines Mannes", flüsterte Tyrs Mutter. „Seine Stirn ist härter als jeder Kelch."

Thor erhob sich, und schleuderte das Gefäß gegen Hymirs Kopf. Es traf die Stirn des Riesen, die unversehrt blieb. Aber der Kelch zerbrach.

Zornig sah der Riese auf die Scherben. „Viel Kostbares habe ich gerade verloren. Du sollst den Braukessel haben, wenn du in der Lage bist, ihn von meinem Hof zu tragen."

Er verschwand nach draußen und kehrte mit dem Kessel zurück. Tyr versuchte, ihn zweimal zu bewegen, doch nichts rührte sich.

Thor griff den Kessel am Rand und hob ihn leichthin über den Kopf. Der Henkel schliff hinter ihm auf der

Erde. Lachend und stolz wankte er zurück nach Asgard, ohne sich noch einmal nach dem Riesen umzudrehen. Erst als sie ein paar Tage gelaufen waren, blickte Thor über die Schulter. Er sah eine Schar Riesen, die ihnen hinterherkamen. Aus allen Höhlen drängten sie und verfolgten die Kesselbesitzer.

„Wie es scheint, hat es sich dein Vater anders überlegt", brummte Thor.

„Es sieht ganz danach aus", bestätigte Tyr.

Thor setzte den Kessel ab, nahm Mjölnir und schleuderte ihn in die Riesenmenge. Der erste Gigant fiel von dem Hammer getroffen und zog einige seiner Kumpane mit zu Boden. Als Mjölnir zurück in seine Hand kehrte, warf Thor die Waffe erneut. Einen Verfolger nach dem Anderen riss er nieder.

„Das hat er jetzt davon", sagte Thor. „Lass uns zum Hof von Egill zurückkehren und Tanngrisnir und Tanngnjostr holen."

Als sie am Hof des Riesen ankamen, glaubten sie, ihren Augen nicht zu trauen. Auf einem Stuhl vor der Tür hockte Loki. Er hatte die Hände hinter den Kopf gelegt und betrachtete die Gruppe belustigt.

„Einen hübschen Kopfschmuck hast du, Thor."

„Da schaust du, nicht wahr? Ich habe den Braukessel gefunden, mit dem Ägir unsere Feste ausrichten kann."

„Das freut mich, sind doch die Feiern der Asen immer die schönsten", entgegnete Loki.

Argwöhnisch sah Tyr ihn an. „Was tust du hier?", fragte er.

„Odin macht sich Sorgen um euch. Er ließ mich nach euch suchen."

Tyr schnaubte: „Allzu weit bist du nicht gekommen!"

Odins Blutsbruder lächelte schief. „Ich werde wohl kaum so verrückt sein, ganz alleine bis tief nach Riesenheim zu reisen. Halb Jötunheim war hinter euch her."

„Thor hat alle Verfolger besiegt", erklärte Tyr.

„Ich weiß. Die Kunde davon hat sich rasch verbreitet."

Thor stemmte die Hände in die Hüfte. „Wieder eine Geschichte von mir, die unvergessen bleiben wird", erwiderte er herausfordernd.

„Bestimmt wäre rohe Gewalt nicht nötig gewesen und es hätte eine geschickte Lösung gegeben. Wahrscheinlich werden die Lieder davon berichten", sagte Loki grinsend.

Blöken wurde laut. Tanngnjostr und Tanngrisnir eilten heran, dicht hinter ihnen lief Egill. Thor kniete sich nieder und begrüßte seine Begleiter, die ihm übermütig den Kopf gegen die Brust stießen. Liebevoll streichelte sie der Donnergott hinter den Ohren.

„Du bist zurück", stellte Egill fest.

Thor nickte. „Das bin ich. Wie ich sehe, hast du meine Tiere gut behandelt. Lass uns zusammen essen, bevor ich weiterfahre."

Traurig senkte der Riese den Kopf. „Gerne würde ich dich bewirten, Sohn Odins, aber die Ernte war schlecht. Ich habe kaum etwas zu Essen da."

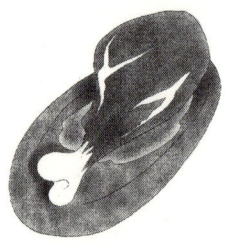

Thor lächelte. „Nicht doch, Egill. Ich will mich für deine Hilfe bedanken." Er blickte auf seine Böcke. „Wir haben genug Fleisch für alle."

Mit Schrecken beobachtete Egill, wie der Donnergott die beiden Böcke erschlug, ihnen das Fell über die Ohren zog und dieses sorgsam vor sich ausbreitete.

„Bratet sie, damit wir alle davon essen können", befahl Thor.

Egill tat wie ihm geheißen und bereitete die Böcke für das Abendessen zu. Als die Familie am Abend zusammen mit Loki, Tyr und Thor bei Tisch saß, hob der Donnergott mahnend den Finger. „Esst nur das Fleisch. Kein Knochen darf gebrochen werden. Legt alle, auch die kleinsten Stückchen auf das Fell."

Während Thor einen Bock alleine aß, teilten sich die anderen den zweiten. Sie tranken und aßen mit Freude und die Bauernkinder waren so froh über die üppige Mahlzeit, dass sie gar nicht aufhören konnten zu schnattern und zu quatschen.

Nur Loki, saß irgendwann gelangweilt am Tisch, das Kinn auf eine Hand gestützt. Hier und da nippte er an seinem Bier, während er die Augen durch den Raum schweifen ließ. Dann richtete er sich plötzlich auf und schmunzelte. Er warf dem Jungen neben ihm einen Blick zu und stieß ihn mit dem Ellenbogen an.

„Thor ist immer so geizig mit dem Mark", zischelte er. „Dabei ist es so köstlich. Du solltest es probieren."

„Aber er hat es doch verboten", erwiderte der Junge.

Verschwörerisch lehnte er sich vor. „Thialfi heißt du, oder?", fragte Loki.

„Ja", antwortete der Junge verzagt.

„Wann, Thialfi, hast du schon die Möglichkeit das Mark eines göttlichen Tieres zu kosten? Das darfst du dir nicht entgehen lassen."

Unsicher sah der Junge zu Thor. „Und wenn er wütend wird?", stammelte er.

„Manchmal muss man etwas riskieren", erwiderte Loki.

„Ich weiß nicht." Thialfi betrachtete den Knochen in seiner Hand, dann legte er ihn zu den anderen aufs Fell, wie ihm befohlen war.

Loki rollte die Augen. „Dann lass es. Vergiss es einfach."

Zwei weitere Knochen warf Thialfi zu den anderen. Den nächsten aber brach er heimlich unter dem Tisch auseinander und kratzte das Mark mit dem Messer heraus. Schuldbewusst suchte er Lokis Blick, doch Odins Blutsbruder lächelte nur verschmitzt und nickte ihm aufmunternd zu. Begierig aß Thialfi das Mark und legte den zerbrochenen Knochen unbemerkt auf das Fell. Den ganzen Abend fürchtete er sich davor, dass seine Tat aufgedeckt würde, aber niemand nahm Notiz davon.

Am nächsten Morgen weihte Thor die Überreste der Böcke mit seinem Hammer. Kaum steckte er Mjölnir zurück in den Gürtel, da sprangen Tanngnjostr und Tanngrisnir auf, als wäre nichts geschehen. Sie stießen den Donnergott mit den Köpfen an und ließen sich den Rücken von ihm kraulen.

Thor blickte zu Egill. „Vielen Dank noch einmal, dass du dich so gut um sie gekümmert hast. Wir werden jetzt einen Braukessel ausliefern."

Er schirrte die Böcke an und befestigte den Kessel am Wagen. Danach lud er Tyr und Loki auf seinen Wagen. Alle winkten zum Abschied, dann fuhr Thor in die Wolken.

Sie reisten nicht lange, da begann ein Bock zu lahmen. Thor landete den Wagen auf der Erde und untersuchte das Bein des Tieres. Als er erkannte, was passiert war, wurde er rot vor Zorn. „Tanngrisnir ist verletzt! Jemand hat seinen Knochen gebrochen, um an das Mark zu kommen!"

Er befreite den Bock aus dem Geschirr und lud ihn auf den Wagen. Wie der Wind fuhren sie zurück zum Hof des Riesen. Es grollte und polterte. Schon von weitem brüllte der Donnergott nach Egill.

Stirnrunzelnd trat der Riese vor die Tür und mit ihm seine ganze Familie. Thialfi und seine Schwester versteckten sich ängstlich hinter ihren Eltern.

„Ich habe euch gesagt, dass ihr die Knochen unversehrt lassen müsst", knurrte Thor.

„Das haben wir", erwiderte Röskwa.

„Jemand brach einen und wenn er sich nicht stellt, werde ich euch alle erschlagen", polterte Thor.

Mit Zittern und Zagen trat Thialfi vor. „Ich war es."

Thor hob den Hammer. „Das wirst du büßen!"

Kreischend stellte sich die Frau vor ihren Sohn. „Das darfst du nicht! Lass uns darüber reden! Wir finden einen neuen Bock für dich."

Das machte den Donnergott noch zorniger. „Einen neuen Bock?", wiederholte er. Seine Faust umschloss den Hammer fester. Er hob ihn über den Kopf, da stürzte Loki vor.

„Aber Thor! Da gibt es sicher bessere Lösungen als diese."

Der Junge deutete mit dem Finger auf Loki. „Er hat gesagt, ich soll das Mark kosten."

Thor packte Loki am Kragen. „Du hast ihm dazu geraten, Tanngrisnir das Bein zu brechen?"

Loki schaffte es gerade noch, mit den Zehenspitzen auf dem Boden zu tänzeln. „Wieso sollte ich so etwas tun? Ich sagte ihm nur, dass das Mark eines göttlichen Tieres bestimmt besonders schmeckt. Was kann ich dafür, dass er glaubt, ich hätte ihm irgendeine Erlaubnis zu irgendetwas gegeben?"

„Jemand muss dafür büßen!", knurrte Thor. Sein Blick traf auf Egill.

Der Riese schüttelte heftig den Kopf. „Während deiner Abwesenheit habe ich gut auf deine Böcke geachtet. Wir alle haben das."

„Nimm den Jungen mit. Er kann seine Schuld in deinen Diensten abbüßen", schlug Loki vor. In Thors Griff gefangen, tänzelte er noch immer auf den Zehen.

„Den Jungen mitnehmen?", grunzte Thor.

„Er kann dir die Schuhe putzen, wenn du von deinen Ostfahrten zurückkommst. Oder er kann dich begleiten und Tanngrisnir und Tanngnjostr füttern, während du gegen die Riesen kämpfst. Das ist doch viel besser, als einfach nur herumzutoben und alles kaputt zu machen. Das bringt niemandem einen Nutzen. Außerdem stimmt es, sie haben sich sehr liebevoll um deine Böcke gekümmert. Ich muss es wissen. Ich habe es mit eigenen Augen gesehen."

Thor ließ Loki los. Er runzelte die Stirn und blickte Thialfi an. „Das ändert aber nichts daran, dass er Tanngrisnir das Bein gebrochen hat."

„Es tut ihm leid", säuselte Loki. „Tut es doch. Nicht wahr, Junge?"

„Ja", beteuerte er.

Loki lächelte. „Siehst du. Und da Thor immer mit Bedacht und Verstand handelt, wird er die richtige Entscheidung treffen. Du wirst es ebenso tun und uns begleiten."

„Ihr dürft ihn nicht mitnehmen!", rief das Riesenmädchen.

„Er kommt wieder, wenn er seine Schuld beglichen hat", erklärte Loki.

„Du kommst mit mir", entschied Thor mit einem finsteren Blick auf den Jungen.

„Ich will auch mit! Ich begleite meinen Bruder!", rief das Mädchen.

„Aber ...", stammelte die Mutter.

Loki klatschte in die Hände. „Eine gute Idee. So wird der Fehler deines Bruders viel früher abgegolten sein."

Der Vater stieß einen tiefen Seufzer aus. Dann nickte er. „Nimm sie mit, wenn nur das dich milde stimmt. Sie werden dich niemals enttäuschen."

Die Zornesfalten auf Thors Stirn glätteten sich. „So soll es sein!", sagte er bestimmt.

Er hob erst den Jungen und dann das Mädchen auf den Wagen. Verunsichert blickten die beiden Kinder zu ihren Eltern zurück. Diese senkten traurig die Köpfe.

Tyr verabschiedete sich von Egill und seiner Frau. „Seid unbesorgt. Thor wird gut auf sie achten. Sie werden im Handumdrehen wieder bei euch sein."

Die Bauern nickten bekümmert. Er drückte beiden aufmunternd die Hand. Erst dann stieg er zu den Kindern auf den Wagen.

Loki runzelte die Stirn. „Und ich?", fragte er und deutete auf den Wagen, der nur noch Platz für Thor bot.

Thor schmunzelte. Er machte einen Schritt auf Loki zu, packte ihn unter den Armen und ließ ihn in den Kessel plumpsen.

Tyr lachte amüsiert.

„Sehr witzig", klang es dumpf aus dem Gefäß.

Mit den beiden Kindern und dem Kessel fuhren sie zu Ägir.

Noch in weiter Entfernung hob der Meeresriese den Kopf und richtete den Blick zum Himmel. Mit jedem Meter, den sich der Donnergott näherte, wurde Ägirs Staunen größer.

„Du hast einen Kessel gefunden", stellte er überrascht fest, als Thor den Wagen neben ihm landete.

„Allerdings", erwiderte der Donnergott stolz. „Nun wirst du uns Bier brauen."

Ägir nickte seufzend. „Ja, das werde ich wohl. Kommt zum Ende des Sommers, dann wird das Bier fertig sein."

Thor beugte sich über den Kessel, packte Loki am Schopf und holte ihn heraus. „Du hast es gehört! Was sagst du nun, Loki?"

„Jaaa jaaa, du hast das Unmögliche geschafft", murrte Loki.

Erfreut steckte Thor die Daumen in seinen Gürtel und wippte auf den Füßen.

Dann stieg er zurück auf den Wagen. „Also los. Lass uns allen von deinem Irrtum erzählen."

Loki rollte die Augen und stellte sich auf den Wagen. Lachend kehrte Thor nach Asgard zurück. Dort zwang er Loki allen versammelten Asen davon zu berichten, dass er das Unmögliche geschafft hatte. Loki verschluckte sich beinahe dabei, als er sich bei Thor entschuldigte. Alle lachten und klopften Thor auf die Schulter. Von diesem Tag an feierten sie jedes Jahr zur Leinenernte ein großes Fest bei Ägir.

THOR UND HRUNGNIR

Die Geschichte von Thors Kampf mit Hrungnir wurde im Haustlong (dt. Herbstlange) überliefert. Es ist ein skaldisches Gedicht des Autors Þjóðólfr ór Hvini, das vermutlich um das Jahr 900 verfasst wurde. Snorri Sturluson zitiert das Haustlong im Umfang von 20 Strophen in seinem „Skaldenlehrbuch" Skáldskaparmál in der Prosa-Edda.

Thor und Hrungnir

Eines Tages ritt Odin auf seinem Pferd Sleipnir hinaus in die Welt. Er wollte die Schnelligkeit seines Tieres auf die Probe stellen. Sleipnir jagte durch die Wolken, hoch hinaus, bis weit in den Osten. Dort lief er sogar mit Sól um die Wette. Tief unten in Jötunheim wurde der Riese Hrungnir auf das Treiben aufmerksam. Griesgrämig runzelte er die Stirn und rief dem Reiter zu: „Du! Odin! Du, der es wagt durch Jötunheim zu galoppieren! Glaubst du, uns beeindruckt dein Pferd? Mit deinem lahmen Gaul nimmt es doch jeder Klepper auf."

Odin sah hinab und entdeckte einen Riesen, der auf einem Findling hockte. Er hatte einen wilden, struppigen Haarkamm und er sah sehr finster aus.

Odin brachte Sleipnir neben ihn auf den Boden. „Du nimmst den Mund recht voll. Wer bist du, dass du dich traust, so mit dem Allvater zu sprechen?"

Der Riese lachte. „Hrungnir ist mein Name. Du hast ein gutes Pferd. Aber was, glaubst du, kann es gegen meines ausrichten? Ich werde dich zweimal schlagen."

„Kein Pferd ist schneller als Sleipnir, darauf verwette ich meinen Kopf", erwiderte Odin.

Der Riese steckte Zeigefinger und Daumen in den Mund und stieß einen langen Pfiff aus. Ein Pferd, doppelt so groß wie Sleipnir, trabte heran. Es war von einem so ungewöhnlich hellen Weiß, dass es Odin beinahe blendete. Seine Mähne und sein Schweif waren golden wie die Sonne. Es war ein wirklich beeindruckendes Tier. Doch Odin wusste genau, dass kein Pferd jemals schneller laufen würde als Sleipnir.

„Es ist hübsch. Wie ist sein Name?", fragte Odin.

„Es heißt Gullfaxi", antwortete der Riese stolz.

Odin nickte. „Also lass uns um die Wette reiten. Dein Pferd ist zwar ausgeruht, aber das wird Sleipnir nicht stören."

„Dafür ist dein Tier bereits warm. Doch wenn du Angst hast, gewähre ich dir gerne einen Vorsprung", lachte Hrungnir.

„Hör auf zu reden und lass uns die Stärke unserer Pferde messen, damit du endlich still bist", erwiderte Odin.

Der Riese schwang sich auf sein Pferd und führte es neben Sleipnir. Beide Tiere ahnten, was nun geschehen würde. Aufgeregt tänzelten sie auf der Stelle. Odin straffte die Zügel und hielt Sleipnir so lange zurück, bis sein Gegner den Startbefehl gab. Dann galoppierten sie los. Sleipnir rannte so schnell, dass Odin um ein Haar aus dem Sattel gerutscht wäre. Das Pferd des Riesen blieb an seiner Seite. Kaum waren sie losgelaufen, da erhoben sich beide Tiere in die Luft.

Sie stürmten so schnell über den Himmel, dass die Blätter von den Bäumen wehten, als sie an ihnen vorbeipreschten. Auch die Wolken stoben förmlich auseinander, als die Pferde und ihre Reiter hindurch sausten. Sleipnir lief so flink wie noch nie zuvor in seinem Leben, trotzdem blieb ihm Gullfaxi dicht auf den Fersen. Sie ließen Jötunheim hinter sich, ritten einmal quer über Midgard hinweg und sorgten dort für einen ausgewachsenen Sommersturm. Irgendwann schaffte es Sleipnir, seinen Verfolger weit hinter sich zu lassen. Hrungnir war so blind von seinem Jötenzorn, dass er nicht bemerkte, dass sie sich bereits in Asgards Nähe aufhielten. Plötzlich überquerten sie eine Mauer und der Riese befand sich dort, wohin nie ein Riese einen Fuß setzen durfte: in der Wohnstätte Odins und der Asen.

Heimdall eilte heran, genauso Tyr und alle anderen, die eine Waffe trugen.

Verängstigt lehnte sich der Riese in seinem Sattel zurück. Odin hob die Hand und beruhigte die zusammengelaufenen Asen.

„Nicht! Wir haben einen Wettstreit ausgefochten."

Hrungnir knurrte zornig. „Und du hast gewonnen."

„Sei nicht erzürnt. Setz dich zu uns und nimm einen Becher Met, bevor du wieder nach Jötunheim reist. Walhall ist groß genug, dass auch ein Kerl wie du dort im Saal sitzen kann."

„Das Rennen hat mich wirklich durstig gemacht. Gerne genehmige ich mir einen Trunk", erwiderte der Riese.

Er folgte den Asen nach Walhall und nahm an ihrem Tisch Platz. Sie gaben ihm die beiden Schalen, aus denen Thor zu trinken pflegte. Hrungnir leerte sie mit einem Zug. Die Walküren schenkten ihm nach. Bald zeigte der Met Wirkung. Als Hrungnirs Zunge schwer wurde, wuchs auch sein Mut und sein alter Groll gegen die Götter. „Ich werde mir Walhall nehmen und es nach Jötunheim bringen", verkündete er irgendwann.

Die Asen lachten und Tyr sagte: „Es wird mehr als einen berauschten Riesen brauchen, um diese Hallen nach Jötunheim zu tragen."

Zornig legte Hrungnir die Stirn in Falten. „Asgard versenke ich und euch werde ich alle töten. Nur Sif nicht und Freya. Sie sollen bei mir wohnen!"

Freya lächelte nur. Betrunkene pflegten zu weilen den Mund sehr voll zu nehmen. Da die Schalen schon wieder leer waren, schenkte sie dem Riesen einfach nach.

Hrungnir lachte bösartig. „Euer Äl werde ich ganz alleine trinken. Dann habt ihr keins mehr!"

Allmählich beschwor er Odins Zorn herauf. „Du bist unser Gast. Als dieser solltest du uns nicht beleidigen", brummte er.

„Ich mache was mir gefällt!", lallte Hrungnir.

Er nahm noch einen Schluck aus Thors Schalen.

Plötzlich kam der Donnergott zur Tür herein. Sein Blick traf auf den Riesen. Zornig richtete er den Hammer auf Hrungnir. Mit dem Zeigefinger der anderen Hand deutete er auf die Asen und knurrte: „Gerade komme ich von meiner Ostfahrt. Ich bekämpfe die Riesen und ihr lasst es zu, dass einer von ihnen an unserem Tisch sitzt? Ihr erlaubt ihm aus meinen Schüsseln trinken? Wer hat zugelassen, dass ein Jöte die Beine unter Walhalls Tisch streckt? Und du Freya, schenkst ihm auch noch ein?"

„Richte die Waffe woanders hin! Odin hat mich zum Trinkgelage gebeten. Ich sitze hier in seinem Frieden."

„Du wirst es bereuen, dieser Einladung gefolgt zu sein, wenn ich dich erst erschlagen habe", grunzte Thor.

„Es wird dir wenig Ehre bringen, einen unbewaffneten Mann zu töten. Falls du Mut hast, triff mich an der Ländergrenze bei Griottunagardr und kämpfe mit mir."

„Warum tragen wir es nicht sofort aus? Komm vor die Tür und du wirst meinen Hammer spüren", knurrte Thor.

„Es war unklug von mir, dass ich mein Schild und meinen Schleifstein zuhause ließ. Hätte ich meine Waffen hier, würden wir gleich miteinander zu Felde ziehen. Aber so ist es nicht. Wenn du mich jetzt tötest, bist du nur ein elender Feigling."

„Habe ich richtig gehört? Du forderst mich zum Zweikampf?", fragte Thor. Noch nie hatte das jemand gewagt.

„Und wie ich es fordere!", rief Hrungnir.

„Dann spute dich und hole deine Waffen. Wir treffen uns an der Ländergrenze. In Griottungardr wirst du dein loses Mundwerk verlieren!"

Da torkelte Hrungnir zu seinem Pferd und ritt so schnell er konnte zurück nach Jötunheim. Rasch verbreitete sich die Nachricht vom Zweikampf zwischen ihm und dem Donnergott. Den Jöten war es sehr wichtig, dass Hrungnir gewann. Viele von ihnen reisten mit ihm zum vereinbarten Platz. Dort formten sie einen Mann aus Lehm. Er war neunmal größer als die Riesen und drei mal so breit. Sie fanden aber kein Herz, das groß genug für ihn war. Schließlich gaben sie ihm das Herz einer Stute. Das war ganz anders, als das von Hrungnir. Der hatte bekanntlich ein Herz aus Stein, scharfkantig und mit drei Seiten, wie man seitdem auch die Rune schneidet, die man „Hrungnirs Herz" nennt. Das Herz der Stute war kein starkes Herz, doch es erweckte den Lehmriesen zum Leben. Hoch aufgerichtet stand der Koloss über der Ebene, als Thor herangefahren kam. Hinter dem Donnergott hatten sich fast alle Asen versammelt. Niemand von ihnen wollte sich den Zweikampf entgehen lassen. Staunend mussten sie nun den Kopf in den Nacken legen, um das Gesicht des Lehmriesen zu erblicken. Die Jöten nannten ihn Möckurkalfi. Trotz seiner gigantischen Beschaffenheit war der Lehmriese voller Angst. Als er Thor erblickte, pinkelte er eine große Pfütze auf den Grund. Neben ihm stand Hrungnir, der weniger Furcht hatte. Sein Kopf war aus Stein, ebenso sein breiter, dicker Schild, den er vor sich hielt. In der anderen Hand trug er einen gewaltigen Schleifstein, der seine Waffe war. Ein Stück entfernt graste das Pferd Gullfaxi.

Thialfi, der Thor zum Zweikampf beglei-tet hatte, erkannte die unermessliche Gefahr, in die sich der Donnergott begeben hatte. Hrungnir war stark und mächtig. Rasch lief er zu Hrungnir und sagte: „Dein Schild wird dich gut schützen. Aber Thor weiß, dass Mjölnir nicht in der Lage ist, es zu zerstören. Mein Herr wird sich durch die Erde graben und dich von unten her angreifen. Jetzt schau mich nicht so an, er kann das."

Hrungnir lachte höhnisch. Kurzerhand stellte er sich auf den Schild. Da grollte Donner herauf und Blitze zuckten über den Himmel. Aus der Ferne fuhr Thor heran. Entschlossen warf er den Hammer und zielte auf Hrungnirs Kopf.
Rasch hob der Riese den Schleifstein vor sich, um die Attacke abzuwehren.
Mjölnir schlug auf den Gesteinsbrocken und teilte ihn in zwei Hälften. Das eine Stück fiel auf Midgard hinab. Von diesem stammen

alle Wetzsteinfelsen ab. Der andere Teil aber traf Thor mit solcher Wucht am Kopf, dass dieser zu Boden stürzte. Im gleichen Atemzug landete Mjölnir zwischen Hrungnirs Augen. Tödlich verletzt taumelte der Riese nach vorn. Thor versuchte sich rasch wegzudrehen, doch Hrungnirs Fuß landete auf der Brust des Donnergottes. Egal wie sehr sich Thor gegen das Gewicht stemmte, er blieb unter dem Riesenfuß begraben. Nun stapfte der Lehmriese auf den Asen zu. Mutig griff Thialfi nach seinem Schwert und obwohl Mockurkalfi so viel größer war als er, besiegte der Junge den Koloss.

„Gut gemacht", lobte ihn Thor.

„Danke", antwortete Thialfi. Nun wollte er Thor aus seiner misslichen Lage befreien. Er packte den Fuß des Riesen und versuchte ihn anzuheben, doch er drückte sich vergeblich dagegen. Die Asen eilten herbei, aber auch von ihnen konnte keiner den Fuß anheben. Sehr viel später sauste der kleine Magni, erst drei Winter alt, heran. Er war Thors Sohn und seine Mutter hieß Jarnsaxa.

„Vater, es tut mir leid, dass ich so spät bin", sagte er. Dann hob er den Fuß des Riesen an. „Ich glaube, ich hätte diesen Hrungnir mit meiner Faust zur Hel gesandt, wäre ich mit ihm zusammengetroffen."

Lachend stand Thor auf. Voller Stolz nahm er Magni auf den Arm. „Mein Sohn, du wirst ein tüchtiger Mann werden." Er setzte

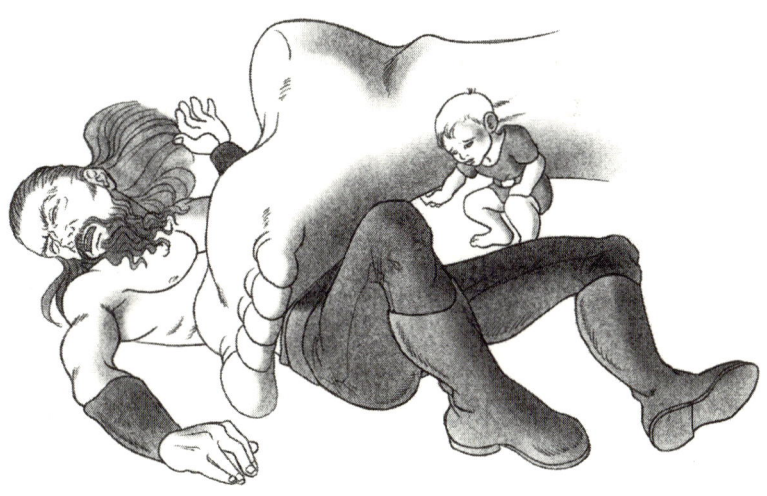

ihn wieder vor sich ab und betrachtete ihn. „Ich will dir das Pferd Gullfaxi geben."

Odin schnaubte erzürnt. „Ich bin dein Vater! Du gibst so ein gutes Pferd dem Kind einer Riesenfrau und nicht mir?"

„Du hast schon Sleipnir!", versetzte Thor. „Magni ist ein guter Junge. Er hat das Pferd verdient. Sei nicht so gierig und lass es ihn besitzen!"

Odin erwiderte nichts. Er schwang sich auf Sleipnirs Rücken und ritt zurück nach Asgard. Auch Thor trat die Heimreise an. Auf seinem Weg überquerte er ein Gebirge. Dort hatten die Eisriesen gewütet. Alle Wege waren starr gefroren und mit Schnee bedeckt. Einige Lawinen waren abgegangen und türmten sich zu hohen Massen. Ein Mann, der sich hilflos zwischen den Schichten bewegte, erregte seine Aufmerksamkeit. Thor lenkte seinen Wagen hinab.

„Hey! Brauchst du Hilfe?", fragte er. „Ich sehe, dass du eingeschlossen bist."

„Wie gut, dass du kommst. Ich bin seit Wochen hier gefangen. Ich bin zu schwach. Alleine schaffe ich es nicht heraus."

Thor sprang von seinem Wagen und landete neben dem Mann. „Gleich bist du wieder frei. Wie heißt du?"

„Aurvandill ist mein Name", sagte der Mann. „Die Eisriesen haben ein böses Spiel mit mir getrieben. Seitdem sitze ich hier fest."

Thor leerte kurzerhand den Korb des Mannes und lud ihn ein, darin zu sitzen.

„Ich helfe dir ein Stück. Setz dich in den Korb. In ihm ist es warm. Er wird dich vor der Kälte schützten."

Der Mann nickte dankbar und tat, wie ihm der Donnergott geraten hatte. Thor schickte seine Böcke nach Asgard. Dann

schulterte er das Flechtwerk und watete mit dem Mann auf dem Rücken über die Berge und Flüsse hinweg, bis zur Grenze Jötunheims. Erst dort blieb er stehen und half Aurvandill aus dem Korb. Der wollte sich sofort bedanken, doch er schrie auf und setzte sich auf den Boden.

„Was ist mit dir?", fragte Thor. Er sah den Mann an und entdeckte seine nackten Füße. Eine seiner Zehen war schwarz wie die Nacht.

„Ich habe nicht aufgepasst", erklärte Aurvandill. „Eine Zehe hat aus dem Korb geschaut und ist in der Kälte erfroren."

Thor kniete zu dem Mann hinab und sah sich den Fuß genauer an. „Gleich wird sie nicht mehr weh tun", erklärte er. Kaum hatte er seine Worte ausgesprochen brach er die Zehe von Aurvandills Fuß ab. In einem weiten Bogen warf er sie zum Himmel. Dort wurde sie zu einem Stern.

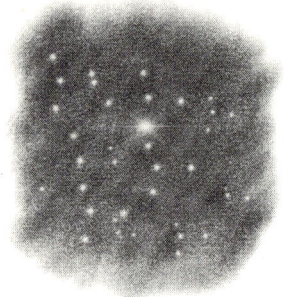„Wenn die Menschen künftig in den Himmel schauen, werden sie diesen Stern erblicken und ihn Aurvandills Zehe nennen", sagte Thor. Er lächelte. „Viel Glück auf deinem Weg. Ich reise nun zurück nach Asgard." Damit verabschiedete er sich von dem Mann und ging seiner Wege.

Thor lief nur wenige Stunden, da knurrte er ungehalten, denn der Schleifstein in seinem Kopf bereitete ihm starke Schmerzen. Er hockte sich an einen Baum und hielt sich die Stirn.

„Was ist mit dir?", fragte ihn eine Frau, die seinen Weg kreuzte.

„Mein Kopf, ein Stein steckt darin und verursacht mir Probleme", erklärte Thor.

Stirnrunzelnd betrachtete ihn die Frau. „Ja, das sieht böse aus."

Die Schmerzen machten den Asen wütend. „Ach ja?", grunzte er.

„Gräm dich nicht. Ich bin Groa, eine Zauberin. Ich will dir helfen."

Groa hielt ihre Hand über Thors Haupt und stimmte einen Singsang an.

„Was tust du?", fragte Thor misstrauisch.

„Ich werde versuchen den Stein aus deinem Kopf zu holen", erklärte die Zauberin.

Sie sang ihr Lied und hielt dabei die Hände über Thor.

Thor spürte, wie sich der schwere Stein in seinem Schädel lockerte und sich die Schmerzen verringerten.

„Oh das tut gut", ächzte er. „Du bist wahrlich eine Heilerin."

„Das mache ich doch gerne", erwiderte Groa. „Meinem Mann Aurvandill habe ich auch oft helfen müssen, wenn er sich auf seinen Wegen verletzt hat. Es ist nichts."

Sie sang weiter.

„Aurvandill ist dein Mann?", fragte Thor.

„Ja", erwiderte Groa und ihre Worte wurden von Traurigkeit erfüllt. „Aber er ist schon seit vielen Woche verschwunden. Ich glaube, er ist ..." Sie konnte nicht weiter sprechen.

„Dein Mann ist keinesfalls tot", sagte Thor. „Ich habe ihn getroffen. Er war von Eisriesen eingesperrt worden. Aber ich habe ihn gefunden und ihn in einem Korb über die Eliwagar getragen."

„Wirklich? Du hast ihn gesehen?", rief Groa vor Freude.

„Ja, er wird bald wieder bei dir sein", erklärte der Donnergott.

Nun weinte die Frau vor Freude. Doch darüber hinaus vergaß sie die letzten Worte ihres Zaubers. Der Schleifstein blieb in Thors Kopf stecken und dort rührt er sich bis heute keinen Zentimeter mehr.

Götter und Wesen in diesem Buch

Thor

Sein Name bedeutet „Donnerer".
Neben seinem Vater Odin ist er
einer der obersten Götter von
Asgard. Sein Gürtel Megingjörd
verleiht ihm allmächtige Stärke.
Seine magischen Handschuhe Jarngreipr
braucht er, um den Hammer Mjölnir zu
beherrschen. Mit ihm beschützt er Midgard vor
den Riesen. Sein Wagen wird von den Böcken
Tanngrisnir und Tanngnjostr gezogen. Den
Bauern bringt er Regen. Deshalb ist er auch ein
Vegitationsgott.

Freyr

Er kam einst mit seiner Schwester Freya von den Wanen zu den Asen. Er gebietet über Lichtalbenheim. Sein magisches Schiff Skidbladnir hat immer gute Winde. Man kann es zusammenfalten und in der Hosentasche tragen. Sein Reittier ist Gullinbursti, ein Eber mit goldenen Borsten. Als Fruchtbarkeitsgott wacht er über das Wachstum.

Sleipnir

Sleipnir hat acht Beine und ist grau. Sein Name bedeutet „der Dahingleitende". Odin ist sein Reiter. Es ist das schnellste Pferd der Welt. Seine Mutter ist Loki.

Indem sich Loki in eine Stute verwandelte, lockte er den Hengst eines Riesen davon. So wurde dieser nicht rechtzeitig mit dem Bau von Asgards Mauer fertig.

Odin

Er ist der oberste Gott der Asen.
Von seinem Hochsitz Hlidskialf
aus kann er alle neun Welten
überblicken. Stets um ihn herum
sind seine Wölfe Geru und Freki
und die beiden Raben Hugin und
Munin, die für ihn durch die Welt
fliegen und ihm die neuesten Nachrichten
zuflüstern. Um aus der Quelle der Weisheit
trinken zu dürfen, opferte Odin sein linkes
Auge. Seitdem ist er der weiseste aller Asen.

Einmal hing er neun Nächte lang kopfüber
an der Weltenesche Yggdrasil. So erfand er die
Runen, die Schriftzeichen und magischen Symbole der Götter, die er auch den Menschen
beibringt.

Oft ist Odin als Reisender in Midgard
unterwegs. Dabei trägt er einen breitrandigen
Schlapphut und einen weiten, blauen Mantel.

Hugin und Munin
Sie sind die beiden Raben von Odin.
Ihre Namen bedeuten Gedanke und
Erinnerung. Odin schickt sie jeden
Tag in die Welt aus, um Neuig-
keiten von ihnen zu erfahren.

Frigg
Sie ist Odins Frau. Sie ist die Schutz-
herrin der Ehe und Mutterschaft. Sie
ist Hüterin des Herdfeuers und des
Haushaltes. Sie kann in die Zukunft
sehen und kennt das Schicksal der
Asen, schweigt aber darüber.

Thrud
Thrud heißt altnordisch „Kraft".
Sie ist die Tochter von Thor und
Sif und außerdem eine Walküre.

Tyr

Er war oberster der Götter, bevor
er zu den Asen kam. Seine Waffe
ist das Schwert. Er ist der Wahrer
des Rechts und Schützer der
Thingversammlung. Mutig und
kühn herrscht er im Krieg über
den Sieg. Als die Asen den Fenriswolf anketten
wollen, ist nur Tyr mutig genug, seine Hand als
Pfand in das Maul des Wolfes zu legen. Da die
Asen Fenrir verraten, schnappt der Wolf zu.
Tyr muss fortan mit der linken Hand kämpfen.

Freya

Sie gehört dem Göttergeschlecht der
Wanen an. Nach einem Krieg mit den Asen
ging sie als Zeichen des Friedens
mit ihrem Bruder Freyr und ihrem
Vater Njörd zu den Asen. Sie ist
Liebesgöttin und wohnt in Folkwang.
Sie besitzt ein magisches Falkengewand
und das Zauberamulett Brisingamen.

Loki

Loki stammt von den Riesen ab und wurde von Odin bei den Asen aufgenommen. Sie

schlossen Blutsbruderschaft. Loki steht den Göttern als listiger und findiger Berater zur Seite. Er hilft den Asen aus einigen unüberwindbar scheinenden Schwierigkeiten heraus und täuscht ihre Feinde.

Sif

Sie ist Thors Frau. Mit ihm hat sie eine Tochter namens Thrud. Ihr schimmerndes Haar erinnert an die goldenen Ähren zur Erntezeit im August. Deshalb wird sie auch die haarschöne Göttin genannt.

Njörd

Er ist ursprünglich ein Wanengott. Nach dem Krieg mit den Asen kam er zusammen mit Freyr und Freya nach Asgard. Dort bewohnt  er den Saal Noatun. Er beherrscht den Gang des Windes und wird deshalb gerne von Seeleuten angerufen. Seine Frau ist Skadi.

Skadi

Sie ist die Tochter des Riesen Thiazi und Gemahlin des Njörd. Sie ist die Göttin der Jagd und des Winters.

Nanna

Nanna bedeutet altnordisch „Mutter" oder „die Wagemutige". Sie ist die Frau von Balder. Ihr Sohn ist Forseti.

Balder

Er ist der Sohn von Odin und Frigg. Balder bedeutet „der Leuchtende". Seine Person wird mit der Sonne gleich gesetzt. Er besitzt das Schiff Ringhorn. Es ist das größte und schwerste aller Schiffe. Sein Saal in Asgard ist Breidablik. Balders Frau ist Nanna, sein Sohn Forseti.

Forseti

Er ist der Sohn von Balder und Nanna. Als Vorsitzender des Things ist er der Gott für Recht und Gesetz. Er wohnt im von Gold und Silber glänzenden Saal Glitnir.

Hödur

Er ist ein Sohn von Odin und Bruder von Balder. Sein Name bedeutet „Kämpfer". Er ist blind.

Ullr

Ullr, oder auch Uller bedeutet „der Ehrenhafte". Er ist der Gott des Winters und wird gern mit Skiern dargestellt. Er ist außerdem Gott der Jagd, des Zweikampfes, der Weide und des Ackers. Er wohnt in der Halle Ydalir in Asgard.

Gefjon

Sie ist die Göttin der Fruchtbarkeit und des Ackerbaus. Ursprünglich gehörte sie dem Göttergeschlecht der Wanen an. Vermutlich kam sie zusammen mit Freya zu den Asen.

Mit ihrem Pflug schnitt sie ein Stück von Dänemark ab und schuf so Seeland.

Ägir

Er ist ein Meerriese und Gott des Meeres. Er tritt in Erzählungen immer wieder als Wirt der Götter auf. Seine Frau ist die Meeresgöttin Rán.
Seine neun Töchter sind die Mütter von Heimdall.

Tanngrisnir und Tanngnjostr

Sie sind die beiden Böcke, die Thors Wagen ziehen. Ihre Namen bedeuten Zähneknirscher und Zähneknisterer.

Egill

Er ist ein Bauer, bei dem Thor seine Böcke unterbringt, bevor er zu Hymir reist.

Tyrs Großmutter

Sie ist eine Riesin mit 900 Köpfen.

Tyrs Mutter

Sie ist eine Riesin, „allgolden" und mit „lichten Brauen".

Hymir

Hymir bedeutet altnordisch „der Finstere". Er ist der Vater von Tyr.

Jörmungand

Sie ist ein Kind Lokis. Odin warf sie einst in die tiefsten Untiefen. Dort wuchs sie heran, bis sie schließlich die ganze Welt umspannte. Darum wird sie auch die Midgard-schlange genannt.

Thialfi und Röskwa

Sie sind die Kinder von Egill. Thialfi hielt sich nicht an die Abmachung mit Thor und brach einen Knochen seiner Böcke, um an das Mark zu kommen. So wurden er und seine Schwester Röskwa in Thors Dienste gestellt.

Hrungnir

Er ist ein Riese. Nach einem Wettstreit mit Odin gerät er nach Asgard und trinkt dort aus Thors Bechern. Darauf fordert Thor ihn zum Kampf.

Gullfaxi

Es ist das Pferd des Hrungnir. Sein Fell ist von einem ungewöhnlich hellem Weiß. Seine Mähne und sein Schweif sind golden wie die Sonne. Später gehört es Thors Sohn Magni.

Heimdall

Er ist der Wächter von Asgard und der Regenbogenbrücke Bifröst. Er kommt mit sehr wenig Schlaf aus. Sein Gehör ist so gut, dass er sogar das Gras wachsen hört. Er besitzt das schallende Gjallarhorn. Sein Pferd heißt Gulltopp.

Möckurkalfi

Er ist ein Riese, den Hrungnirs Getreue aus Lehm fertigten. Er sollte an Hrungnirs Stelle mit Thor kämpfen. Doch er hatte das Herz einer Stute und zu viel Angst.

Magni

"Der Starke". Er ist der Sohn von Thor und Jarnsaxa. Schon mit drei Jahren ist er so kräftig, dass er in der Lage ist, den Fuß des Riesen Hrungnir anzuheben, unter dem Thor begraben liegt.

Jarnsaxa

Ihr Name bedeutet "Eisenmesser". Sie ist eine der neun Töchter des Meeresriesen Ägir und der Meeresgöttin Rán.

Zusammen mit Thor hat sie die Söhne Magni und Modi.

Aurvandill

Er ist der Mann der Groa. Thor rettet ihn aus den eisigen Flüssen des Elivagar. Leider schaut ein Zeh von ihm aus dem Korb und stirbt ab. Thor wirft ihn zum Himmel. Dort leuchtet er als der Morgen- und Abendstern.

Groa

Sie ist eine Zauberin. Bei dem Versuch, Thor von dem Schleifstein zu befreien, der in seinem Kopf steckt, erzählt er ihr von Aurvandill. Vor Freude vergisst sie ihre Zauber- sprüche. Der Schleifstein bleibt in Thors Kopf stecken.

 Weitere Bände in Vorbereitung

ΌΙΕ ΛΨΤΟRΙ∩

Alexandra Bauer wurde am 15.11.1974 in München geboren. Die gelernte Erzieherin und Fachkraft für Kindzentrierung leitet heute ein Kinderzentrum in Frankfurt am Main. Bereits mit elf Jahren verfasste sie ihr erstes Manuskript „Elli rettet den Zauberwald", die erste Buchveröffentlichung folgte 1998.

Zu ihren Veröffentlichungen zählen Kinderbücher im Fantasybereich. Ihre „Midgard-Saga" erfreut sich einer wachsenden Fangemeinde und ist beliebt bei Jung und Alt.

Die Midgard-Saga Niflheim

Alexandra Bauer
„Die Midgard-Saga – Niflheim"
ISBN-13: 978-1501033827
13,90 Euro

Als Thea eines Tages von einem rotbärtigen Mann verfolgt wird, ahnt sie nicht, dass dies der Beginn von etwas Großem ist. Nach Asgard entführt, dem Wohnsitz der nordischen Götter, bekommt sie von Odin einen Auftrag: Sie soll Kyndill finden, ein Zauberschwert, das in den Händen des Feuergottes Loki die Macht besitzt, alle Götter zu töten. Zusammen mit ihrer Freundin Juli und begleitet von Thor und Wal-Freya, begibt  sich Thea nach Niflheim, einer eisigen Welt im tiefen Norden. Hier ging das Schwert einst verloren. Aber auch Loki, der Feuergott der Asen, sucht nach der Waffe. Wie eine düstere Bedrohung lauert er hinter jeder ihrer Handlungen …

Das Taschenbuch ist im Buchhandel, oder direkt über die Autorin erhältlich! Das E-Book gibt es in jedem gängigen E-Book-Store.

Die Midgard-Saga
Jötunheim

Alexandra Bauer
„Die Midgard-Saga – Jötunheim"
ISBN: 978-3-943406-43-6
13,90 Euro

Kaum ein Jahr ist seit ihrem letzten Abenteuer an der Seite der Götter vergangen, da bittet Wal-Freya erneut um Theas Hilfe. Der Fenriswolf, der einer Überlieferung nach dem Göttervater den Tod bringen wird, ist entkommen. Steckt dahinter wieder einer von Lokis finsteren Plänen? Zusammen mit den Göttern Wal-Freya und Thor machen sich die Freunde um Thea erneut auf den Weg, die Prophezeiungen auf die Probe zu stellen. Dass ihr Leben  tiefer mit dem Schicksal der Götter verwoben ist als zunächst angenommen, wird Thea bald klar. Auch, dass sie es schwer haben wird, je wieder in ihr altes Leben zurückzufinden ...

Das Taschenbuch ist bei Amazon, oder direkt über die Autorin erhältlich! Das Ebook gibt es in jedem gängigen Ebook-Store.